全国高等职业院校会计专业教材

企业财务管理习题册

占娜　主编

中国劳动社会保障出版社

简　介

本书为全国高等职业院校会计专业教材《企业财务管理》的配套习题册。本书题型多样，包括填空题、选择题、判断题、名词解释、简答题、实训题等，力求充分体现教材的重点和难点，反映实际工作中将接触的具体问题，使学生能够掌握有关知识和原理，并具有解决实际问题的能力。

本书由占娜任主编。

图书在版编目(CIP)数据

企业财务管理习题册/占娜主编．--北京：中国劳动社会保障出版社，2023
全国高等职业院校会计专业教材
ISBN 978-7-5167-5928-8

Ⅰ．①企…　Ⅱ．①占…　Ⅲ．①企业管理-财务管理-高等职业教育-习题集　Ⅳ．①F275-44

中国国家版本馆 CIP 数据核字(2023)第 189860 号

中国劳动社会保障出版社出版发行
（北京市惠新东街 1 号　邮政编码：100029）
*
北京市科星印刷有限责任公司印刷装订　　新华书店经销
787 毫米×1092 毫米　16 开本　3.75 印张　85 千字
2023 年 10 月第 1 版　　2023 年 10 月第 1 次印刷
定价：8.00 元

营销中心电话：400-606-6496
出版社网址：http://www.class.com.cn
http://jg.class.com.cn

目录

第一章　财务管理总论

一、填空题

1. 财务管理是企业组织财务活动、处理财务关系的一项__________工作。
2. 企业财务关系众多，其中企业与所有者之间的财务关系反映的是__________和__________之间的关系。
3. 财务预测方法有____________和____________两种。
4. 资金的融通实质是资金通过________________在市场作用下的再分配。
5. 个人独资企业是由______________投资的经营实体。

二、单项选择题

1. 下列选项中，属于资金筹集活动的是（　　）。
   A. 收到注册资本　　B. 分配利润　　C. 购入材料　　D. 缴纳税费
2. 企业的财务活动是指企业的（　　）。
   A. 货币资金收支活动　　B. 资金分配活动
   C. 资本金的投入和收回　　D. 资金的筹集、运用、收回及分配
3. 相对于每股利润最大化目标而言，企业价值最大化的缺点是（　　）。
   A. 没有考虑资金的时间价值　　B. 没有考虑风险价值
   C. 不能直接反映企业当前的获利水平　　D. 不能反映企业潜在的获利能力
4. 作为企业财务管理目标，每股利润最大化目标较利润最大化目标的优点在于（　　）。
   A. 考虑了资金时间价值　　B. 考虑了风险价值
   C. 考虑了投入与产出的关系　　D. 能够避免企业的短期行为
5. 企业向银行借款，企业与银行之间形成了一种（　　）关系。
   A. 债权与债务　　B. 投资者与被投资者
   C. 债务与债权　　D. 投资与受资
6. 下列选项中，属于宏观财务管理体制的是（　　）。
   A.《××企业财务管理条例》　　B.《中华人民共和国公司法》
   C.《××企业应收账款管理条例》　　D.《××公司章程》
7. 分权式财务管理体制的缺点是（　　）。
   A. 影响各部门人员工作积极性　　B. 管理程序过于复杂
   C. 资金压力较大　　D. 缺乏指挥协调

8. 下列选项中，不属于财务管理经济环境构成要素的是（　　）。

A. 经济发展水平　　B. 金融市场

C. 宏观经济政策　　D. 经济周期

9. 下列选项中，属于财务管理微观环境的是（　　）。

A. 金融环境　　B. 经济周期

C. 企业组织形式　　D. 经济发展水平

10. 企业在经济萧条期应采取（　　）的财务战略。

A. 扩张　　B. 清算　　C. 稳增　　D. 收缩

三、多项选择题

1. 以利润最大化为财务管理目标的主要弊病有（　　）。

A. 没有反映利润与投入资本额的关系

B. 没有考虑资金时间价值和风险问题

C. 利润多少与经济效益大小没有关系

D. 容易导致企业追求短期利益

2. 下列选项中，不属于企业相关者利益最大化财务管理目标的有（　　）。

A. 强调股东的首要地位　　B. 强调债权人的首要地位

C. 强调员工的首要地位　　D. 强调经营者的首要地位

3. 下列选项中，不属于企业相关者利益最大化财务管理目标缺点的有（　　）。

A. 不能够避免企业在追求利润方面的短期行为

B. 没有考虑风险和报酬的关系

C. 没有考虑取得报酬的时间

D. 不利于企业长期稳定发展

4. 将股东财富最大化作为财务管理目标的缺点有（　　）。

A. 适用范围窄　　B. 股价受到财务管理之外的因素影响

C. 可能会产生新的利益冲突　　D. 没有考虑风险因素

5. 经济周期的阶段包括（　　）。

A. 复苏　　B. 繁荣

C. 衰退　　D. 萧条

6. 下列因素中，对企业财务管理而言，只能适应和利用，不能改变的有（　　）。

A. 国家的经济政策　　B. 金融市场环境

C. 企业经营规模　　D. 国家的财税法规

7. 企业的财务关系包括（　　）。

A. 企业与政府之间的财务关系

B. 企业与投资者、受资者之间的财务关系

C. 企业与债权人、债务人之间的财务关系

D. 企业内部各单位之间的财务关系

8. 下列选项中，可用于协调所有者和经营者矛盾的措施有（　　）。

A. 所有者解聘经营者

B. 所有者向企业派遣财务总监

C. 公司被其他公司接收或吞并

D. 所有者给经营者以股票期权

9. 公司制企业产生代理问题的原因包括（　　）。

A. 所有权与经营权分离　　B. 所有者与经营者目标不一致

C. 代理契约不完善　　D. 信息不对称

10. 与独资企业和合伙企业相比，公司制企业的特点在于（　　）。

A. 公司的资本分为相等份额

B. 针对公司的行政规章制度少

C. 公司易于筹集资本

D. 公司出资者对公司债券只承担有限责任

四、判断题

1. 股票价格直接反映单位投入资本的市场价格。（　　）
2. 企业价值就是企业利润。（　　）
3. 企业财务管理包括企业设立、合并、解散和破产等专项内容。（　　）
4. 财务管理主体可以是经济实体，也可以是非经济实体。（　　）
5. 财务管理主体与法律主体必须是一致的。（　　）
6. 经验丰富的经营者可以直接根据经验进行财务决策。（　　）
7. 通货膨胀指物价持续上涨的现象，单看某种商品的价格就能判断。（　　）
8. 企业财务管理人员没有必要了解宏观经济情况。（　　）
9. 个人独资企业生命期与所有者相关，弊端之一是不利于融资。（　　）
10. 法人股东持有另一家企业股票的行为称为对外投资。（　　）

五、名词解释

1. 财务管理主体

2. 财务管理体制

六、简答题

1. 简述财务管理的主要目的。

2. 简述财务管理主体与会计主体、法律主体的关系。

3. 简述公司制企业的特点。

第二章　财务管理的价值理念

一、填空题

1. 没有风险和通货膨胀时的利率是__________。

2. 资产价值改变所获得的报酬称为____________，亏损称为资本损失。

3. 报酬与风险是__________关系，等量风险带来等量报酬。

4. 影响资金时间价值大小的因素主要包括利率、计息方式、__________、期限。

5. 预期报酬率也称______________，是将各种可能的报酬率按其______进行加权平均得到的报酬率。

二、单项选择题

1. 资金时间价值是（　　）。

A. 货币经过投资后所增加的价值

B. 没有通货膨胀时的社会平均资金利润率

C. 没有通货膨胀和风险时的社会平均资金利润率

D. 没有通货膨胀时的利率

2. 某公司 2023 年 1 月 1 日投资建设一条生产线，投资期为 3 年，营业期为 10 年，预计建成后每年净现金流量均为 500 万元。该生产线净现金流量的年金形式是（　　）。

A. 普通年金　　B. 即付年金

C. 递延年金　　D. 永续年金

3. 已知（P/A，10%，10）= 6. 144 6，则期数为 10 年、年利率为 10%的即付年金现值系数是（　　）。

A. 6. 759 1　　B. 6. 144 6　　C. 5. 579 3　　D. 7. 579 2

4. 下列选项中，与资本回收系数互为倒数的是（　　）。

A.（P/F，i，n）　　B.（P/A，i，n）

C.（F/P，i，n）　　D.（F/A，i，n）

5. 将 1 万元钱存入银行，年利率为 10%，计算 10 年后的价值时应使用（　　）系数。

A. 复利终值　　B. 复利现值　　C. 年金终值　　D. 年金现值

6. 影响企业价值的两个最基本的因素是（　　）。

A. 时间和利润　　B. 利润和成本

C. 风险和报酬　　D. 风险和贴现率

7. 甲、乙两个投资方案的预期报酬率不同，甲投资方案的标准离差率为10%，乙投资方案的标准离差率为8%，则下列判断正确的是（　　）。

A. 甲方案风险比乙方案风险大　　B. 甲方案风险比乙方案风险小

C. 甲、乙两方案风险相同　　D. 无法判断

8. 甲方案的标准离差是3.11，乙方案的标准离差是3.14，如甲、乙两方案的预期报酬率相同，则甲方案的风险（　　）乙方案的风险。

A. 小于　　B. 大于　　C. 等于　　D. 无法确定

9. 甲、乙两个方案的预期报酬率分别为10%和12%，两个方案都存在投资风险，在比较甲、乙两方案风险大小时应使用的指标是（　　）。

A. 方差　　B. 协方差　　C. 标准差　　D. 标准离差率

10. 投资者可以通过证券投资组合消减下列（　　）引起的风险。

A. 宏观经济状况变化　　B. 经济危机

C. 世界能源状况变化　　D. 被投资企业出现经营失误

三、多项选择题

1. 将货币时间价值引入财务管理领域，会对（　　）产生影响。

A. 借款　　B. 投资　　C. 收益分配　　D. 发行股票

2. 下列选项中，互为逆运算的有（　　）。

A. 年金终值与年金现值

B. 年金终值与偿债基金

C. 年金现值与年等额资本回收额

D. 复利终值与复利现值

3. 下列选项中，属于年金特点的有（　　）。

A. 具有等额性　　B. 时间间隔相等　　C. 连续发生　　D. 不等额

4. 下列选项中，属于年金的有（　　）。

A. 定期发放的固定养老金　　B. 每年的固定工资

C. 按直线法计算的折旧额　　D. 每年的固定租金

5. 货币时间价值存在的前提和基础包括（　　）。

A. 商品经济高度发展　　B. 存在借贷关系

C. 资金周转使用　　D. 存在投资风险

6. 企业因借款而增加的风险可称为（　　）风险。

A. 经营　　B. 财务　　C. 市场　　D. 筹资

7. 下列有关证券投资风险的表述中，正确的有（　　）。

A. 证券投资组合的风险有公司特别风险和市场风险两种

B. 股票的市场风险不能通过证券投资组合加以消除

C. 公司特别风险多是不可分散风险

D. 当投资组合中股票的种类特别多时，可以分散大量的非系统性风险

8. 考虑风险因素后，影响投资报酬率变动的因素有（　　）。

A. 通货膨胀率　　B. 资金时间价值　　C. 投资年限　　D. 风险报酬率

9. 进行债券投资时，应考虑的风险有（　　）风险。

A. 利率　　B. 违约　　C. 购买力　　D. 变现力

10. 下列选项中，能够用来衡量风险的指标有（　　）。

A. 方差　　B. 预期报酬率　　C. 标准差　　D. 标准离差率

四、判断题

1. 本金和利率相同时，若只有一个计息期，则单利终值与复利终值相等。（　　）
2. 国债没有违约风险，因此国债利率就是货币时间价值。（　　）
3. 现在的一元钱肯定比将来的一元钱价值大。（　　）
4. 利率是一定时期资金的交易价格。（　　）
5. 资金时间价值通常按复利方式计算。（　　）
6. 比较两个方案的风险时，标准离差越小，则风险越大。（　　）
7. 等量资金在不同时点上的价值不相等，根本原因是存在通货膨胀。（　　）
8. 风险与报酬通常正方向变动。风险越大，收益也越大，反之亦然。（　　）
9. 当债券的票面利率大于市场利率时，债券的市场价格通常大于债券面值。（　　）
10. 无风险报酬可以用来衡量风险大小。（　　）

五、名词解释

1. 资金的时间价值

2. 风险

六、实训题

1. 小明分期付款购入一台计算机，每年年初付款500元，一共支付5年。如果银行存款年利率为10%，这种付款方式相当于现在一次性付款多少元？

2. 小明某年年末在银行存入1万元，假定银行存款年利率为12%，每年复利计息2次，则第5年年末的本利和为多少元？

3. 小明拟购置一套住房，开发商提出两个方案。方案一是一次性支付80万元，方案二是5年后支付100万元。若目前的银行贷款年利率是7%，小明应选择哪个付款方案？为什么？

4. 小王为了给孩子准备5年后上大学的5万元费用，打算现在开始存钱。假设银行存款年利率为6%，那么小王现在需要存入银行多少钱？

5. 某公司拟于5年后一次性还清所欠10万元债务，假定银行存款年利率为10%，已知（F/A，10%，5）= 6.105 1，（P/A，10%，5）= 3.790 8，该公司从现在起每年年末等额存入银行的偿债基金应为多少元？

6. 某公司借入一笔款项，约定年利率为10%，每年复利计息一次。该借款前6年不用还本付息，但从第7年至第10年每年年末偿还本息50万元，该笔借款的实际现值是多少？

7. 某公司准备引入一条新生产线，其可能的报酬率与相应的概率分布见下表。

某公司生产线情况表

报酬率	18%	12%	7%
概率	0.3	0.6	0.1

请计算该项目的预期报酬率。

8. 某公司新投资项目有甲、乙两个方案，投资额均为 1 000 万元，其相关情况见下表。

某公司投资项目计算表

发展情况	概率	甲方案报酬率	乙方案报酬率
繁荣	0.3	20%	30%
正常	0.5	10%	10%
衰退	0.2	5%	0

计算两个方案的预期报酬率，比较风险后进行投资决策。

第三章　筹资管理

一、填空题

1. 筹资渠道指资金的______和______。

2. 按取得资金的资本属性不同，筹资方式可分为____________、____________和混合型筹资。

3. 短期筹资是指企业筹集的使用期限在________以内的资金。

4. 优先股筹资属于__________筹资方式。

5. 企业融入资金所采用的具体方式即____________，如吸收直接投资、发行股票等。

二、单项选择题

1. 企业筹资活动的最终结果是（　　）。

A. 资金流入　　B. 银行借款
C. 发行债券　　D. 发行股票

2. 以下选项中，不属于筹资活动的是（　　）。

A. 确定资金需求规模　　B. 合理使用筹集到的资金
C. 选择资金取得方式　　D. 发行股票

3. 常见的企业内部筹资方式是（　　）。

A. 商业信用筹资　　B. 银行借款
C. 留存收益筹资　　D. 发行债券

4. 下列负债项目中，通常会随销售额变动而成正比例变动的是（　　）。

A. 短期融资券　　B. 应付债券
C. 长期借款　　D. 应付账款

5. 企业吸收直接投资的缺点是（　　）。

A. 能提高企业的资信水平和借款能力　　B. 能尽快形成生产经营能力
C. 降低财务风险　　D. 不便于产权的交易

6. 下列筹资方式中，没有财务杠杆作用的是（　　）。

A. 长期借款　　B. 发行优先股　　C. 发行债券　　D. 发行普通股

7. 优先股股东的权利不包括（　　）。

A. 优先分配固定的股利　　B. 优先分配公司剩余财产
C. 表决权　　D. 优先认股权

8. 普通股筹资和优先股筹资共有的缺点是（　　）。

A. 财务风险大　　B. 筹资成本高

C. 容易分散控制权　　D. 筹资限制多

9. 某公司从银行借入一笔2 000万元的长期借款，手续费率为0.2%，年利率为7%，期限为5年，每年结息一次，年末付息，到期还本，企业所得税税率为25%，则该项借款的资金成本率是（　　）。

A. 6.13%　　B. 7.18%　　C. 5.26%　　D. 6.66%

10. 下列选项中，属于留存收益筹资特点的是（　　）。

A. 资本成本较高　　B. 筹资费用较高

C. 稀释原有股东控制权　　D. 筹资数额有限

11. 某企业以长期融资满足非流动资产、永久性流动资产和部分波动性流动资产的需要，短期融资仅满足剩余的波动性流动资产的需要，该企业采用的流动资产融资策略是（　　）。

A. 激进融资策略　　B. 保守融资策略

C. 折中融资策略　　D. 期限匹配融资策略

12. 融资租赁租金的构成内容不包括（　　）。

A. 租赁设备的价款　　B. 利得

C. 租赁手续费　　D. 租赁设备维修费

13. 可转换债券是由公司发行并规定债券持有人在一定期限内按约定的条件可将其转换为发行公司（　　）的债券。

A. 权证　　B. 干股　　C. 普通股　　D. 优先股

14. 通常情况下，适宜保持较高负债比例的企业发展阶段是（　　）阶段。

A. 初创　　B. 破产清算　　C. 收缩　　D. 发展成熟

15. 企业在选择筹资渠道时，需要优先考虑的因素是（　　）。

A. 融资期限　　B. 企业类型　　C. 偿还方式　　D. 资金成本

16. 授信额度是借款企业与银行（　　）。

A. 正式或非正式协议规定的企业借款的最低限额

B. 正式或非正式协议规定的企业借款的平均限额

C. 正式或非正式协议规定的企业借款的最高限额

D. 协商决定的企业借款的金额

17. 某公司发行面值为1 000元的5年期债券，票面利率为10%，每年付息一次，发行价格为1 100元，筹资费用率为5%，所得税税率为25%，则该债券的资金成本率是（　　）。

A. 9.37%　　B. 7.18%　　C. 7.36%　　D. 6.66%

18. 运用普通股每股收益无差别点法确定最佳资本结构时，需要计算的指标是（　　）。

A. 息税前利润　　B. 营业利润　　C. 净利润　　D. 利润总额

19. 产生经营杠杆效应的原因是存在不变的（　　）。

A. 固定成本　　B. 产销量　　C. 债务利息　　D. 销售单价

20. 既具有减税效应又具有财务杠杆效应的筹资方式是（　　）。

A. 留存收益筹资　　B. 发行普通股　　C. 融资租赁　　D. 发行优先股

三、多项选择题

1. 以下关于优先股的说法，正确的有（　　）。

A. 优先股股东享有表决权

B. 优先股可由公司赎回

C. 优先股股东可优先分配固定的股利

D. 优先股股东比普通股股东优先分配公司剩余财产

2. 下列选项中，属于商业信用筹资优点的有（　　）。

A. 不需要办理复杂的手续　　B. 有一定的弹性

C. 筹资方便　　D. 需要担保

3. 下列说法正确的有（　　）。

A. 资金预测可以满足企业生产经营所需

B. 资金需要量的测算是编制资金计划的前提

C. 筹资工作效果会对企业效益产生影响

D. 资金预算多多益善

4. 下列选项中，属于吸收直接投资筹资方式的有（　　）。

A. 现金投资　　B. 实物投资

C. 无形资产投资　　D. 发行债券

5. 留存收益是企业生产经营过程中的自然留存，主要包括（　　）。

A. 盈余公积　　B. 未分配利润　　C. 资本公积　　D. 注册资金

6. 下列选项中，属于普通股筹资缺点的有（　　）。

A. 资本成本比较高　　B. 可能会分散股东的控制权

C. 可能会导致股价下跌　　D. 资本成本比较低

7. 银行借款按用途不同可分为（　　）。

A. 基本建设贷款　　B. 专项贷款

C. 流动资金贷款　　D. 信用贷款

8. 贷款机构发放贷款前应对企业的（　　）进行调查评价。

A. 客户资质　　B. 资金需求　　C. 偿债能力　　D. 经营状况

9. 决定债券发行价格的主要因素包括（　　）。

A. 债券面值　　B. 债券到期日　　C. 债券票面利率　　D. 市场利率

10. 资产证券化的动因包括（　　）。

A. 减少融资成本　　B. 增加收入

C. 满足监管要求　　D. 使融资渠道多样化

11. 以下属于融资租赁的方式的有（　　）。
A. 直接租赁　　B. 售后租回　　C. 杠杆租赁　　D. 股权质押
12. 银行借款的缺点有（　　）。
A. 财务风险大　　B. 限制条件多
C. 可能产生财务杠杆负面作用　　D. 手续方便
13. 下列选项中，可用于确定企业最佳资本结构的方法有（　　）。
A. 每股收益无差别点法　　B. 比较综合资本成本法
C. 公司价值分析法　　D. 高低点法
14. 计算个别资金成本时，需要考虑所得税抵减作用的筹资方式有（　　）。
A. 长期借款　　B. 发行债券　　C. 发行股票　　D. 留存收益筹资
15. 商业信用筹资的优点包括（　　）。
A. 有一定弹性　　B. 筹资便利　　C. 不需要抵押　　D. 手续方便
16. 两个方案的每股收益无差别点相同，表明两个方案（　　）。
A. 息税前利润相等　　B. 税前利润相等
C. 净利润相等　　D. 每股净利润相等
17. 下列筹资活动中，会加大财务杠杆作用的有（　　）。
A. 银行借款　　B. 留存收益筹资
C. 发行债券　　D. 发行普通股
18. 企业自有资本与借入资金的结构不合理，会导致（　　）。
A. 财务风险增加　　B. 财务杠杆发生不利作用
C. 筹资资本增加　　D. 经营效率下降
19. 在边际贡献大于固定成本的情况下，有利于降低企业复合风险的措施包括（　　）。
A. 增加产品销量　　B. 提高产品单价
C. 提高资产负债率　　D. 节约固定成本
20. 根据现有资本结构理论，下列选项中，能够影响资本结构决策的因素有（　　）。
A. 企业资产结构　　B. 企业财务状况
C. 企业产品销售状况　　D. 企业人员学历情况

四、判断题

1. 为获取国家财政资金，企业可采取吸收直接投资或发行股票的方式。（　　）
2. 按资金使用时间不同，企业筹资分为内部筹资和外部筹资。（　　）
3. 外部资金可以通过负债或者投资的方式注入企业。（　　）
4. 筹资渠道解决的是怎样取得资金的问题。（　　）
5. 混合型筹资兼具股权筹资和债务筹资的双重性质。（　　）
6. 证券公司、保险公司和融资租赁公司都属于金融机构。（　　）
7. 金融市场可以是无形的，也可以是有形的。（　　）
8. 金融市场不完全以资金为交易对象。（　　）

9. 资金市场按融资对象性质不同，分为同业拆借市场、票据承兑和贴现市场、证券市场和借贷市场。（　　）

10. 二级市场是各类证券的流通市场，又称次级市场。（　　）

11. 商业信用筹资是目前企业普遍使用的短期筹资方式，筹集的资金是企业交易过程中形成的债务资金。（　　）

12. 融资租赁只是指以购入资产为目的的租赁。（　　）

13. 债券可以平价、溢价或折价发行。（　　）

14. 采用银行借款和发行股票的筹资方式都可以保证股东控制权。（　　）

15. 发债企业可以根据情况提前或到期偿还债务。（　　）

16. 优先股股东可较债权人优先分配公司剩余财产。（　　）

17. 可转换债券具有债权与股权的双重属性。（　　）

18. 发行优先股的上市公司如不能按规定支付优先股股利，则优先股股东有权要求企业破产。（　　）

19. 发行股票既能为企业带来杠杆收益，又具有抵税作用，所以企业在筹资时应优先考虑发行股票。（　　）

20. 如果企业现有资金不能满足企业经营的需要，企业还要采取短期借款的方式筹集所需资金，那么会产生企业资金的收付，这属于筹资活动。（　　）

五、名词解释

1. 股权资金

2. 混合性资金

3. 资金成本

4. 经营杠杆

六、实训题

1. 某公司 2022 年实际占用资金额为 1 200 万元，其中不合理部分为 200 万元，预计 2023 年销售额增长 5%，资金周转速度加快 3%，请预测该公司 2023 年资金需要量。

2. 某公司 2022 年销售收入为 100 万元，当年年末经营性资产总额为 400 万元，经营性负债总额为 200 万元。该公司预计 2023 年通货膨胀率为 5%，公司销售量增长 10%，营业净利率为 10%，股利支付率为 40%。假设可以动用的金融资产为 10 万元，请计算该公司 2023 年需要对外筹集的资金量。

3. 某公司 2022 年销售收入为 2 000 万元，2022 年 12 月 31 日的资产负债表（简表）见下表。

资产负债表（简表）

单位：万元

资产	期末数	负债和所有者权益	期末数
货币资金	100	应付账款	100
应收账款	300	应付票据	200
存货	600	长期借款	900
固定资产	700	实收资本	400
无形资产	100	留存收益	200
资产总计	1 800	负债和所有者权益总计	1 800

该公司计划 2023 年销售收入比 2022 年增长 20%，为实现这一目标，公司需新增一台 30 万元的设备。根据历年财务数据分析，该公司流动资产与流动负债随销售额同比率增减。假定该公司 2023 年的营业净利率可达到 10%，净利润的 60%分配给投资者，请预测该公司 2023 年需要对外筹集的资金量。

4. 某公司拟发行总面值为 1 万元的债券。该债券期限为 5 年，复利计息，票面利率为 5%，每年年末付息，到期还本。请计算以下情况时该债券的发行价格。

（1）市场利率为 4%时的债券发行价格。

（2）市场利率为 5%时的债券发行价格。

（3）市场利率为 6%时的债券发行价格。

5. 某公司 2023 年 1 月 1 日采用融资租赁方式从租赁公司租入一台设备，该设备价款为 8 万元，租赁期为 5 年，到期后设备归承租方所有。双方商定折现率为 18%，采用等额年金法计算租金。如果该公司每年年末支付租金，租金应为多少元？如果每年年初支付租金，租金应为多少元？

6. 某公司初创时拟筹资 1 200 万元。其中向银行借款 200 万元，年利率为 10%，期限为 5 年，手续费率为 0. 2%；发行 5 年期债券筹资 400 万元，票面利率为 12%，发行费用为 10 万元；发行普通股筹资 600 万元，筹资费用率为 4%，第一年年末股利率为 12%，以后每年增长 5%。假定该公司适用所得税税率为 25%，请计算该公司上述筹资活动的综合资金成本率。

7. 某公司普通股股数为 10 万股。该公司生产 A 产品，某年基期销量为 10 万件，单价为 10 元/件，单位变动成本为 6 元/件，固定成本总额为 20 万元，利息费用为 10 万元，所得税税率为 25%。该公司计划次年产销量提高 10%，即增加到 11 万件，其他因素不变。请计算该公司基期息税前利润、计划期息税前利润、息税前利润变动率和财务杠杆系数。

8. 接上题，假设该公司基期销量为 2 万件，单价为 5 元/件，单位变动成本为 3 元/件，固定成本总额为 2 万元，计划期预计销量为 22 000 件，请计算相关的经营杠杆系数。

9. 某公司年销售额为 210 万元，息税前利润为 60 万元，变动成本率为 60%，总资产为 200 万元，负债比率为 40%，负债利息率为 15%。请计算该公司相应的经营杠杆系数、财务杠杆系数和综合杠杆系数。

10. 甲公司共发行普通股 3 000 万股，债务总额为 6 000 万元（年利率为 6%）。现该公司计划追加筹资 2 400 万元，有以下两种选择方案：

方案 A：增发普通股 600 万股，发行价为 4 元/股。

方案 B：向银行借款 2 400 万元，年利率为 8%。

预计追加筹资后年销售收入为 3 600 万元，变动成本率为 50%，固定成本为 600 万元，企业所得税税率为 25%。请根据上述资料计算每股收益无差别点并画出每股收益无差别点分析图，分析该公司应该采取哪一方案。

第四章 全面预算管理

一、填空题

1. 全面预算管理是一种综合贯彻______的管理工具。
2. 全面预算应当符合企业______，既要以价值为导向，又要保证______性。
3. 滚动预算法按照滚动时间单位不同可分为逐月滚动、逐季滚动和______。
4. 现金预算编制以______预算和特殊决策预算为基础。
5. 全面预算的编制流程主要有自上而下、自下而上和______三种形式。

二、单项选择题

1. 编制全面预算的基础是（ ）预算。
   A. 直接材料　B. 直接人工
   C. 生产　D. 销售
2. 资本支出预算属于（ ）预算。
   A. 财务　B. 生产
   C. 专门决策　D. 业务
3. 能够据以概括了解企业在预算期盈利能力的预算报表是（ ）。
   A. 专门决策预算表　B. 现金预算表
   C. 预计利润表　D. 预计资产负债表
4. 预算编制过程和预算指标数据不体现企业各部门（ ）。
   A. 对企业资源的占用情况　B. 对企业资源的使用效率
   C. 员工技能与学历水平　D. 对企业资源的需求
5. 企业管理费用的预算属于（ ）预算。
   A. 期间　B. 生产
   C. 供应　D. 销售
6. 零基预算的编制基础是（ ）。
   A. 零　B. 基期的费用水平
   C. 国内外同行业费用水平　D. 历史上费用的最好水平
7. 随着业务量的变动进行机动调整的预算是（ ）预算。
   A. 滚动　B. 弹性
   C. 增量　D. 零基

8. 滚动预算的基本特点是（　　）。

A. 预算期相对固定　　B. 预算期是连续不断的

C. 预算期与会计年度一致　　D. 预算期不可随意变动

9. 下列预算中，能够克服定期预算缺点的是（　　）预算。

A. 固定　　B. 弹性　　C. 滚动　　D. 零基

10. 变动性制造费用预算的编制基础是（　　）预算。

A. 生产　　B. 销售　　C. 材料　　D. 产品成本

三、多项选择题

1. 下列预算中，属于业务预算内容的有（　　）。

A. 资本支出预算　　B. 销售预算　　C. 生产预算　　D. 现金预算

2. 下列选项中，构成全面预算内容的有（　　）。

A. 经营预算　　B. 财务预算　　C. 投资预算　　D. 零基预算

3. 下列选项中，属于编制现金预算依据的有（　　）。

A. 销售预算和生产预算　　B. 直接材料采购预算

C. 直接人工预算和制造费用预算　　D. 财务费用和管理费用预算

4. 全面预算的编制原则包括（　　）。

A. 保持平衡　　B. 全员参与　　C. 实事求是　　D. 效益优先

5. 预算的作用包括（　　）。

A. 明确工作目标　　B. 协调各职能部门的关系

C. 控制各部门日常经营活动　　D. 考核各部门工作业绩

6. 全面预算的编制流程可分为（　　）。

A. 自上而下的编制流程　　B. 自下而上的编制流程

C. 上下结合的编制流程　　D. 滚动结合的编制流程

7. 零基预算与传统的增量预算相比较，其不同之处在于前者（　　）。

A. 不考虑以往会计期间发生的费用

B. 以零为基础

C. 全面以现有的费用水平为基础

D. 一切从实际需要出发

8. 下列关于预算管理部门的说法中，正确的有（　　）。

A. 组织各业务部门按具体目标要求编制本部门预算草案

B. 对各部门的预算草案进行平衡、协调，并进行预算的汇总与分析

C. 审议预算并向董事会上报企业的综合预算和部门预算

D. 将批准后的预算下达给各部门执行

9. 全面预算编制程序包括（　　）。

A. 下达目标　　B. 编制上报

C. 审查平衡　　D. 下达执行

四、判断题

1. 全面预算要体现企业的发展战略，服从企业的中长期战略发展目标，符合企业总体经营方针。（　　）

2. 全面预算最主要的作用就是提升监控考核效果。（　　）

3. 全面预算各组成部分的数据相辅相成、环环相扣，存在着严格的钩稽关系。（　　）

4. 经营预算是预算期内企业日常生产经营活动的预算，主要包括销售预算、生产预算、供应预算、期间费用预算和其他经营预算。（　　）

5. 全面预算一定要坚持权责对等原则，才有利于预算执行。（　　）

6. 预算财务报表的编制程序是先编制预计资产负债表，再编制预计利润表。（　　）

7. 相比定期预算，滚动预算的延续工作会耗费大量的人力、物力，代价较大。（　　）

8. 预算就是预测，两者没有区别。（　　）

9. 预算是面向过去，围绕资源配置，对业务活动、经营管理进行的评价。（　　）

五、名词解释

1. 全面预算

2. 固定预算法

六、实训题

1. 某公司期初存货为 50 件，期末存货为 40 件，本期销售 250 件，请计算其本期生产预算量。

2. 某公司按弹性预算法编制费用预算，预算中的直接人工工时为 5 万小时，变动成本为 50 万元，固定成本为 30 万元，总成本费用为 80 万元。假设直接人工工时达到 7 万小时，请计算企业总成本费用。

3. 某公司期末最低现金余额为15 000元，现金短缺主要以银行借款解决，贷款最低起点为1 000元。企业于期初贷款，于当季度末归还贷款本息，贷款年利率为5%。请根据上述资料填写以下现金预算表中的（1）~（5）空缺项。

现金预算表

单位：元

摘要	第一季度	第二季度	第三季度	第四季度	全年合计
期初现金余额	18 000	（4）	15 691	17 152	18 000
加：现金收入	120 500	140 850	143 750	121 650	526 250
可用现金合计	（1）	156 591	158 941	138 802	544 250
减：现金支出					
直接材料	25 424	34 728	34 576	32 248	126 976
直接人工	13 200	15 600	12 900	13 900	55 600
制造费用	6 950	7 910	6 830	7 230	28 920
销售费用	1 310	1 507	1 358	1 075	5 250
管理费用	17 900	17 900	17 900	17 900	71 600
购置设备	48 000	33 280	—	—	81 280
预交所得税	27 125	27 125	27 125	27 125	108 500
发放股利	10 850	10 850	10 850	10 850	43 400
现金支出合计	150 759	148 900	111 539	110 328	521 526
现金收支差额	（2）	7 691	47 402	28 474	22 724
筹资					
银行借款	（3）	8 000	—	—	36 000
归还借款	—	—	29 000	7 000	-36 000
借款利息	—	—	1 250	87.5	-1 337.5
筹资合计	28 000	8 000	30 250	7 087.5	-1 337.5
期末现金余额	15 741	（5）	17 152	21 386.5	21 386.5

4. 假设G公司只生产和销售一种产品，其售价为700元/件。该公司2022年资产负债表（简表）见下表。

资产负债表（简表） 单位：万元

资产	期末数	负债和所有者权益	期末数
货币资金	20	应付账款	50
应收账款	40		
存货	40	股本	80
固定资产	100	留存收益	70
资产总计	200	负债和所有者权益总计	200

该公司2023年各季度有关业务资料（预计）如下：

（1）预计1季度—4季度销量分别为2 000件、3 000件、3 000件、4 000件。

（2）预计1季度—4季度每季度销售回款率为60%，其余在下季度收讫。

（3）第二季度初需要投资一台设备，投资额为25万元。

（4）每件产品耗用材料3千克，耗用工时13小时。

（5）材料采购单价为120元/千克，每季度购料款当季度支付率为50%，其余在下季度付讫。

（6）人工计时工资标准为5元/小时。

（7）根据库存商品明细账和材料明细账，年末库存产成品为200件，库存材料为2 500千克，账面成本为30万元。

（8）采购部门要求，第四季度库存产成品计划为200件，库存材料计划为3 000千克。

（9）销售部门要求，第一、二、三季度末库存产成品数量按下季度销量的20%计算。

（10）生产部门要求，第一、二、三季度末库存材料数量按下季度生产需要量的25%计算。

（11）销售及管理部门预计2023年现金支出总额为100万元，各季度均衡支出。

（12）生产部门预计2023年制造费用现金支出为80万元，各季度均衡支出，此外计提固定资产折旧10万元。

（13）董事会计划在6月末支付股利15万元。

（14）预计各季度缴纳的所得税均为8万元。

（15）计划各季度末最低现金余额为20万元。

（16）现金不足时可以向银行借款，以万元为最小单位，借款年利率为10%。年末支付满整年的利息，计提已经发生的应付利息。

（17）期末资金结余可进行短期投资，年收益率为12%。

请根据上述资料完成该公司2023年各项预算表（见以下空表）。

销售预算表

摘要	第一季度	第二季度	第三季度	第四季度	全年
销量（件）					
销售单价（元/件）					
销售额（万元）					

现金收入计算表

单位：万元

摘要	第一季度	第二季度	第三季度	第四季度	全年
期初应收账款					
第一季度现金收入					
第二季度现金收入					
第三季度现金收入					
第四季度现金收入					
合计					

生产预算表

单位：件

摘要	第一季度	第二季度	第三季度	第四季度	全年
预计销量					
加：预计期末存货					
预计需要量合计					
减：期初存货					
预计生产量					

材料采购预算表

摘要	第一季度	第二季度	第三季度	第四季度	全年
预计生产量（件）					
单件材料消耗定额（千克）					
预计生产需要量（千克）					
加：期末存料量（千克）					
预计需要量合计（千克）					
减：期初存料量（千克）					
预计购料量（千克）					
材料单价（元/千克）					
预计购料金额（万元）					

现金支出计算表

单位：元

摘要	第一季度	第二季度	第三季度	第四季度	全年
期初应付账款					
付第一季度购料款					
付第二季度购料款					
付第三季度购料款					
付第四季度购料款					
现金支出合计					

直接人工预算表

摘要	第一季度	第二季度	第三季度	第四季度	全年
预计生产量（件）					
单位产品工时定额（小时）					
直接人工小时总数（小时）					
单位工时的工资率					
预计直接人工成本总额（元）					

现金预算表

单位：万元

摘要	第一季度	第二季度	第三季度	第四季度	全年
期初现金余额					
加：现金收入					
销售收现及收回应收账款					
可用现金合计					
减：现金支出					
直接材料					
直接人工					
制造费用					
销售费用及管理费用					
购置设备					
预交所得税					
发放股利					
现金支出合计					
现金收支差额					
筹资					
银行借款					
归还借款					
借款利息					
筹资合计					
短期投资					
期末现金余额					

预计利润表（简表） 单位：万元

项目	金额
一、营业收入	
减：营业成本	
二、营业利润	
减：销售费用及管理费用	
利息费用	
三、利润总额	
减：所得税费用	
四、净利润	
五、每股收益	—

预计资产负债表（简表） 单位：万元

资产	年初数	年末数	负债和所有者权益	年初数	年末数
货币资金	20		应付账款	50	
应收账款	40		短期借款		
存货	40		应付利息		
固定资产	100		应交税费		
			股本	80	
			留存收益	70	
资产总计	200		负债和所有者权益总计	200	

第五章　营运资金管理

一、填空题

1. 广义的营运资金是指企业____________的总额。

2. 营运资金周转率越____或周转天数越______，说明企业资金的使用效率越高。

3. 一般来说，企业持有现金需要满足________、预防性和投机性的需要。

4. 企业为了鼓励客户提前偿还账款而给予客户在销售额上的扣减称为__________。

5. 企业分期等额偿还贷款时采用的利息支付方法称为________。

二、单项选择题

1. 下列有关营运资金的等式中，正确的是（　　）。

A. 营运资金=资产总额-负债总额

B. 营运资金=流动资产总额-负债总额

C. 营运资金=流动资产总额-流动负债总额

D. 营运资金=流动资产总额-自然性流动负债总额

2. 某公司经营风险较大，准备采取一系列措施降低杠杆率。下列措施中，无法达到这一目的的是（　　）。

A. 降低利息费用

B. 降低固定成本

C. 降低变动成本

D. 提高产品销售单价

3. 在一定时期，当现金需要量一定时，同现金持有量成反比的成本是（　　）成本。

A. 管理　　B. 资金

C. 短缺　　D. 机会

4. 某公司的现金周转率为 6 次，则其现金周转期为（　　）天。

A. 30　　B. 40　　C. 50　　D. 60

5. 企业在进行现金管理时，可利用的现金浮游量是指（　　）。

A. 企业账户所记存款余额

B. 银行账户所记企业存款余额

C. 企业账户与银行账户所记存款余额之差

D. 企业实际现金余额与最佳现金持有量之差

6. 企业将资金用于应收账款而放弃其他方面投资可获得的收益是应收账款的（　　）成本。

A. 管理　　B. 机会　　C. 坏账　　D. 资金

7. 放弃现金折扣的成本率大小与（　　）。

A. 现金折扣率的大小反方向变化

B. 信用期限的长短同方向变化

C. 现金折扣率的大小、信用期限的长短均同方向变化

D. 折扣期限的长短同方向变化

8. 下列选项中，通常可作为信用标准判定标准的是（　　）。

A. 预期的必要报酬率　　B. 市场利率

C. 预期的坏账损失率　　D. 同等风险投资的必要报酬率

9. 企业为了满足交易需要所持有的现金数量主要取决于企业的（　　）。

A. 支付能力　　B. 生产能力

C. 偿债能力　　D. 销售水平

10. 下列选项中，与丧失现金折扣的机会成本大小反方向变化的是（　　）。

A. 现金折扣率的大小　　B. 折扣期限的长短

C. 信用标准的高低　　D. 信用期限的长短

11. 采用 ABC 控制法管理存货时，一般将存货金额很大、数量很少的存货划分为（　　）类存货。

A. A　　B. B　　C. C　　D. AB

12. 经济批量是材料的采购量，再订货点是材料的（　　）。

A. 订货时间　　B. 采购量

C. 最低储存量　　D. 安全储存量

13. 将存货划分为 ABC 类的最基本标准是（　　）标准。

A. 重量　　B. 数量　　C. 金额　　D. 数量和金额

14. 下列关于存货管理的表述中，正确的是（　　）。

A. 所有企业都应该采用 ABC 控制法做好存货的管理

B. 对于仓库管理要做到账、物、卡三者相符

C. 规范采购行为主要应管好采购人员

D. 最好的存货管理就是实行零库存管理

15. 某公司购入 5 万元原材料，供货方规定信用条件为“3/10，2/20，*n*/30”。若该公司在第 18 天付款，则其实际支付的货款为（　　）元。

A. 48 500　　B. 49 000

C. 49 500　　D. 50 000

16. 某公司年初从银行贷款 100 万元，期限为 1 年，年利率为 10%，按照贴现法付息，则年末应偿还的金额为（　　）万元。

A. 70　　B. 90　　C. 100　　D. 110

17. 以下关于信用期限的表述中，正确的是（　　）。

A. 信用期限越长，坏账发生的可能性越小

B. 信用期限越长，表明客户享受的现金折扣越多

C. 延长信用期限，将会减少销售收入

D. 信用期限越短，收账费用越少

18. 某公司预测年度赊销收入净额为600万元，应收账款周转期为30天，则该企业的应收账款平均余额为（　　）万元。

A. 20　　B. 30　　C. 40　　D. 50

三、多项选择题

1. 现金是一种（　　）的流动资产。

A. 流动性强　　B. 赢利性强　　C. 流动性差　　D. 赢利性差

2. 下列选项中，属于现金支出管理措施的有（　　）。

A. 推迟支付应付款　　B. 提高信用标准

C. 以汇票代替支票　　D. 争取现金收支同步

3. 现金成本包括（　　）成本。

A. 持有　　B. 转换　　C. 短缺　　D. 管理

4. 企业持有现金的动机包括（　　）动机。

A. 交易　　B. 预防　　C. 投资　　D. 投机

5. 下列选项中，与现金持有量成反比例关系的包括（　　）成本。

A. 现金机会　　B. 现金转换　　C. 现金管理　　D. 现金短缺

6. 流动资产投资的特点包括（　　）。

A. 变现能力强　　B. 投资风险大

C. 数量波动大　　D. 收益率高

7. 营运资金管理的原则包括（　　）。

A. 保证合理的资金需求　　B. 提高资金使用效率

C. 节约资金使用成本　　D. 保持足够的短期偿债能力

8. 下列选项中，属于信用条件构成要素的有（　　）。

A. 信用期限　　B. 现金折扣（率）

C. 现金折扣期　　D. 商业折扣

9. 下列选项中，属于应收账款成本构成要素的有（　　）成本。

A. 机会　　B. 管理　　C. 坏账　　D. 短缺

10. 影响应收账款机会成本的因素包括（　　）。

A. 全年赊销收入总额　　B. 变动成本率

C. 应收账款收账天数　　D. 资金成本率

11. 企业信用政策的主要内容包括（　　）。

A. 信用标准　　B. 信用条件　　C. 信用期限　　D. 收账政策

12. 利用账龄分析表可了解（　　）。

A. 信用期限内的应收账款数额　　B. 信用期限内应收账款的还款日期

C. 逾期的应收账款数额　　D. 逾期应收账款的还款日期

13. 下列关于信用期限的表述中，正确的有（　　）。

A. 缩短信用期限可能增加当期现金流量

B. 延长信用期限会扩大销售

C. 降低信用标准意味着将延长信用期限

D. 延长信用期限将增加应收账款的机会成本

14. 经济订货批量（　　）。

A. 与存货的年度总需求量成正比　　B. 与每次订货的变动成本成反比

C. 与单位存货的年储存成本成反比　　D. 与存货的购置成本成正比

15. 下列关于存货管理 ABC 控制法的描述中，正确的有（　　）。

A. A 类存货金额巨大，但品种数量较少

B. C 类存货金额巨大，但品种数量较少

C. 对 A 类存货应重点控制

D. 对 C 类存货应重点控制

16. 下列选项中，属于建立存货经济订货批量基本模型假设前提的有（　　）。

A. 一定时期的进货总量可以较为准确地预测

B. 允许出现缺货

C. 仓储条件不受限制

D. 存货的价格稳定

17. 企业运用存货模式确定最佳现金持有量所依据的假设包括（　　）。

A. 所需现金只能通过银行借款取得　　B. 预算期内现金需要总量可以预测

C. 现金支出过程比较稳定　　D. 相关利率及转换成本可以知悉

18. 下列选项中，属于存货功能的有（　　）。

A. 有利于企业的销售　　B. 防止生产中断

C. 降低进货成本　　D. 提高企业的变现能力

19. 下列说法正确的有（　　）。

A. 收款法是在借款到账后再向银行支付利息的方法

B. 贴息贷款的实际利率小于名义利率

C. 银行对不同类型企业的贷款有着不同的风险政策

D. 商业信用融资是自然性融资，伴随商品交易自然产生，不需要特殊手续

四、判断题

1. 企业营运资金余额越多，说明企业风险越小，收益率越高。　　（　　）

2. 营运资金就是流动资产。　　（　　）

3. 流动资产的组成内容不仅表明流动资产在再生产过程中存在的形态，而且反映了

它在再生产过程中所处的领域和占用特点。（　　）

4. 企业营运资金应尽量保持均衡性。（　　）

5. 企业可以通过加快存货、应收账款等流动资产的周转，加快营运资金周转。（　　）

6. 现金是一种非收益性资产。（　　）

7. 为保证企业拥有生产经营所需现金，企业持有的现金越多越好。（　　）

8. 给客户提供现金折扣的主要目的是扩大企业的销售。（　　）

9. 持有过量现金可能导致的不利后果是偿债能力下降。（　　）

10. 确定最佳现金持有量的存货模式考虑的成本主要是机会成本。（　　）

11. 信用标准是企业接受客户赊销要求时，客户必须具备的最高财务能力。（　　）

12. 只要花费必要的收账费用，积极做好收账工作，坏账损失完全可以避免。（　　）

13. 对于经营状况不佳的客户，企业可以收取抵押品以减少坏账损失。（　　）

14. 一般来说，企业信用期限长可以吸引更多客户，有利于销售。（　　）

15. 缺货成本取决于保险储备量。保险储备量越高，缺货的可能性越小，缺货成本越低。（　　）

16. 固定性储存成本是维持一定的储存能力所必需的费用，如相对稳定的仓库管理人员工资。（　　）

17. 购置成本指购买货物、取得货物所有权所花费的费用。（　　）

18. 存货管理的目标是以最低的存货成本保证企业生产经营的顺利进行。（　　）

19. 企业使用的原材料虽然很多，但各种原材料库存储备所用资金是不能相互调剂使用的。（　　）

20. 企业在交易过程中享受信用的同时也会付出代价。（　　）

五、名词解释

1. 营运资金

2. 经济订货批量

六、实训题

1. 某公司应收账款周转期为 50 天，存货周转期为 90 天，应付账款周转期为 30 天，预计全年需要现金 1 050 万元。该公司 2022 年 12 月库存现金期初余额为 400 万元，当月现金收入为 200 万元，现金支出为 100 万元。请计算该公司的现金周转期、最佳现金持有量和现金余缺。

2. 某公司预测 2023 年（按 360 天计算）赊销收入总额为 300 万元，应收账款平均收账天数为 60 天，变动成本率为 60%，资金成本率为 10%。请计算该企业应收账款的机会成本。

3. 某公司销售甲产品，单位售价为 100 元/件，单位变动成本为 65 元/件，应收账款投资年预期报酬率为 24%。该公司现接到一客户 40 件甲产品的赊购订单，预计坏账损失率为 22%，账款平均收账期为 90 天，收账费用为 120 元，请判断该公司是否可接受此订单。

4. 某公司准备购买一处房产，若选择一次性结算，付款额为 120 万元。若分三年付款，每年年初的付款额分别为 40 万元、40 万元、50 万元。假定银行存款年利率为 10%，请计算一次性付款和分期付款的现值，并根据计算结果判断哪种付款方案对该公司更有利。

5. 某公司每年需要耗用甲材料 20 000 千克。该材料的单位采购成本为 7.5 元/千克，每次订货成本为 600 元，单位储存成本为 1.5 元/千克。请计算该公司的最佳经济订货批量、全年最佳订货次数、年存货总成本和经济批量平均资金占用额。

6. 某公司生产甲产品的固定成本为 8 万元，变动成本率为 60%。该公司有两种信用标准可供客户选择。具体如下：

A 标准：信用条件为“n/30”，预计坏账损失率为 5%，销售收入为 40 万元，预计收账费用为 3 000 元。

B 标准：信用条件为“n/45”，预计坏账损失率为 10%，销售收入为 60 万元，预计收账费用为 5 000 元。

在上述信用条件下，该公司均不给予折扣，投资的最低收益率为 10%。

请分别计算 A 标准和 B 标准下的边际贡献、应收账款机会成本和信用期内的净收益，并根据计算结果判断哪种标准对该公司更有利。

第六章　成本管理

一、填空题

1. 企业成本管理工作应服从于企业的整体__________。

2. 成本管理具体包括成本规划、成本核算、成本控制、__________和__________五项内容。

3. 标准成本由直接材料标准成本、直接人工标准成本和______________成本构成。

4. 企业产品变动成本率高，则边际贡献率____，这说明企业盈利能力____。

5. 企业经营决策中应用本量利分析法的关键在于确定____________。

二、单项选择题

1. 以下关于成本驱动因素的表述中，错误的是（　　）。

A. 成本动因可作为作业成本法中成本分配的依据

B. 成本动因可按作业活动耗费的资源进行度量

C. 成本动因可分为资源动因和生产动因

D. 成本动因可以导致成本的发生

2. 以资源无浪费、设备无故障、产出无废品、工时都有效的假设前提为依据制定的标准成本是（　　）标准成本。

A. 基本　　B. 理想

C. 正常　　D. 现实

3. 在成本差异分析中，数量差异的大小是由（　　）决定的。

A. 用量脱离标准的程度以及实际价格高低

B. 用量脱离标准的程度以及标准价格高低

C. 用量及价格脱离标准的程度

D. 实际用量及价格脱离标准的程度

4. 采用标准成本法时，分析计算各成本项目价格差异的用量基础是（　　）。

A. 标准产量下的标准用量　　B. 实际产量下的标准用量

C. 标准产量下的实际用量　　D. 实际产量下的实际用量

5. 标准成本法中的成本差异是指（　　）。

A. 实际成本与标准成本的差异　　B. 实际成本与计划成本的差异

C. 预算成本与标准成本的差异　　D. 实际成本与预算成本的差异

6. 下列属于用量标准的是（ ）。

A. 材料消耗量 B. 小时工资率 C. 原材料价格 D. 小时制造费用

7. 某公司只生产一种产品，单价为 6 元/件，单位变动生产成本为 4 元/件，单位销售管理变动成本为 0.5 元/件。如果某月销量为 500 件，则其产品边际贡献为（ ）元。

A. 650 B. 750 C. 850 D. 950

8. 下列选项中，属于标准成本控制系统前提和关键的是（ ）。

A. 标准成本的制定 B. 成本差异的分析

C. 成本差异的计算 D. 成本差异的账务处理

9. 企业生产单一品种产品，其保本点销售额等于（ ）。

A. 固定成本总额÷(单价-单位变动成本)

B. 固定成本总额÷边际贡献率

C. 保本销售量×单位利润

D. 固定成本总额÷综合边际贡献率

10. 对单一产品来说，（ ）。

A. 单位变动成本越高，则总成本线斜率越大，保本点越高

B. 单位变动成本越高，则总成本线斜率越小，保本点越高

C. 单位变动成本越低，则总成本线斜率越小，保本点越高

D. 单位变动成本越低，则总成本线斜率越大，保本点越低

三、多项选择题

1. 本量利分析的前提条件包括（ ）。

A. 成本性态分析假设 B. 线性假设

C. 变动成本法假设 D. 产销平衡和品种结构不变假设

2. 本量利分析的基本内容包括（ ）分析。

A. 保本点 B. 安全性 C. 利润 D. 保利点

3. 边际贡献率的计算公式可表示为（ ）。

A. 1-变动成本率 B. 边际贡献÷销售收入

C. 固定成本÷保本销售量 D. 单位边际贡献÷单价

4. 影响直接材料耗用量差异的因素有（ ）。

A. 工人的技术熟练程度 B. 设备的完好程度

C. 材料质量 D. 废品率

5. 下列两个指标之和为 1 的有（ ）。

A. 安全边际率与边际贡献率 B. 安全边际率与保本作业率

C. 保本作业率与变动成本率 D. 变动成本率与边际贡献率

6. 标准成本控制系统的内容包括（ ）。

A. 标准成本的制定 B. 成本差异的计算分析

C. 成本差异的账务处理 D. 成本差异的分配

7. 按照三因素法，固定制造费用成本差异可分解为（　　）差异。

A. 耗费　　B. 闲置　　C. 效率　　D. 价格

8. 财务管理中，成本控制具体包括（　　）成本控制。

A. 研发　　B. 供应链　　C. 销售　　D. 沟通

9. 可以套用“用量差异”和“价格差异”模式的成本项目包括（　　）。

A. 直接材料　　B. 直接人工

C. 固定制造费用　　D. 变动制造费用

四、判断题

1. 正常标准成本通常小于理想标准成本。（　　）

2. 理想标准成本考虑了生产过程中不可避免的损失、故障和偏差，属于企业经过努力可以实现的标准成本。（　　）

3. 成本差异是实际成本减去标准成本的差额，所以成本差异金额越小越好。（　　）

4. 标准成本管理中，成本差异是成本控制的重要内容。（　　）

5. 采用单一标准分配制造费用，容易导致产量大、技术含量较低的产品成本偏低。（　　）

6. 预测税前利润时其他条件不变，销售量越大，则安全边际量越大。（　　）

7. 单一品种情况下，保本点的销售量随着边际贡献率的上升而上升。（　　）

8. 单位变动成本降低，则目标利润也会降低，或者会使实现目标利润的销售量降低。（　　）

9. 保本点越高，则企业生产能力利用程度越高，企业经营越安全。（　　）

10. 如果政府提高企业所得税税率，则企业的税后盈亏平衡点会提高。（　　）

五、名词解释

1. 标准成本法

2. 本量利分析法

六、实训题

1. 某公司某月固定制造费用预算总额为10万元，固定制造费用标准分配率为10元/小时。当月制造费用实际开支额为88 000元，生产A产品4 000件，每件产品标准工时为2小时，实际用工7 400小时。请用二因素分析法和三因素分析法分别进行固定制造费用差异分析。

2. 某公司生产甲产品，单位产品耗用的直接材料标准成本资料见下表。

甲产品直接材料标准成本资料

成本项目	价格标准	用量标准	标准成本
直接材料	0.5元/千克	6千克/件	3元/件

该公司某月直接材料实际购进量是4 000千克，单价为0.55元/千克。当月生产甲产品400件，使用材料2 500千克。请计算该公司生产甲产品所耗用直接材料的实际成本与标准成本的差异，并将差异总额进行分解。

3. 某公司某一产品某月成本资料见下表。

某产品标准成本资料

成本项目	用量标准	价格标准	标准成本
直接材料	50 千克/件	9 元/千克	450 元/件
直接人工	（1）	4 元/小时	（2）
变动制造费用	（3）	（4）	135 元/件
固定制造费用	（5）	（6）	90 元/件
合计	—	—	855 元/件

该公司该产品预算产量下的标准总工时为 1 000 小时，制造费用均按人工工时分配。当月实际产量为 20 件，实际耗用材料为 900 千克，实际人工工时为 950 小时，实际成本见下表。

某产品实际成本资料　　单位：元

成本项目	金额
直接材料	9 000
直接人工	3 325
变动制造费用	2 375
固定制造费用	2 850
合计	17 550

要求：

（1）填写该产品标准成本资料表中第（1）~（6）项数据。

（2）计算当月产品成本差异总额。

（3）计算直接材料价格差异和用量差异。

（4）计算直接人工效率差异和工资率差异。

（5）计算变动制造费用耗费差异和效率差异。

4. 某公司生产和销售A、B、C、D四种产品，2022年的有关资料见下表。

某公司2022年销售及生产成本资料

产品名称	销售数量（件）	销售收入总额（元）	变动成本总额（元）	单位边际贡献（元/件）	固定成本总额（元）	利润总额（元）
A	（1）	20 000	（2）	5	4 000	6 000
B	1 000	20 000	（3）	（4）	8 000	-1 000
C	4 000	40 000	20 000	（5）	9 000	（6）
D	3 000	（7）	15 000	2	（8）	4 000

请计算并填列上表中第（1）~（8）项数据。

5. 某公司只生产和销售一种产品，2022年销售收入为1 000万元，税前利润为100万元，变动成本率为60%。请计算该公司2022年的固定成本。

假定2023年该公司只追加20万元的广告费，其他条件均不变，请计算2023年该公司保本点销售额。

6. 某公司只生产和销售一种产品，2022 年销售量为 8 000 件，单价为 240 元/件，单位成本为 180 元/件，其中单位变动成本为 150 元/件。该公司计划 2023 年利润比 2022 年增加 10%。请运用本量利分析法分析该公司应当从哪些方面采取措施，才能实现目标利润（假定采取某项措施时，其他条件不变）。

7. 某公司通过市场调查发现，一种新型办公椅无论款式还是质量都很受市场欢迎，于是决定新建一条生产线生产该产品。已知该产品的市场售价为 1 000 元/件，单位变动成本为 600 元/件。公司预计，如果该生产线投产，公司每年将新增固定成本 100 万元。公司要求年新增营业利润至少为 80 万元。

据测算，该公司在实施这一项目时，预计年产量是 5 000 件。预计新产品线将按批次生产，且只能进行小批量生产，每批次只生产 50 件。为此，公司预计 5 000 件产品的生产将需要分 100 批次来组织。同时，公司发现，在新增的 100 万元固定成本中，有近 40 万元的固定成本可追溯到与各批次生产相关的作业中去，如机器准备和检修作业等。

要求：

（1）根据本量利分析法，假定公司产量与销量相等，计算达到营业利润预期目标的产量。

（2）对新产品进行本量利分析。

第七章 收入与利润分配管理

一、填空题

1. 企业在预定时期内计划实现的利润是________。
2. 销售收入预测的方法可分为__________法和__________法。
3. 产品从投入市场到退出市场所经历的时间称为______________。
4. 从发放形式来看，股利包括__________和__________。
5. 影响销售收入的主要因素是产品的______与______。

二、单项选择题

1. 狭义的收益分配是指对（　　）的分配。
   A. 息税前利润　　B. 营业利润　　C. 利润总额　　D. 净利润
2. 公司的盈余公积达到注册资本的（　　）时，可不再提取盈余公积。
   A. 25%　　B. 50%　　C. 80%　　D. 100%
3. 下列选项中，不会对企业利润分配产生影响的因素是（　　）。
   A. 法律约定　　B. 经营发展需求
   C. 股东影响　　D. 员工要求
4. 企业对净利润的分配包括4个环节，即：①提取任意公积金；②向股东（投资者）分配股利（利润）；③提取法定公积金；④弥补以前年度亏损。下列对上述环节的排序中，顺序正确的是（　　）。
   A. ③①④②　　B. ②①③④
   C. ④③①②　　D. ④②③①
5. 企业采用固定股利支付率政策的目的通常是（　　）。
   A. 稳定股票市场价格　　B. 维持目标资本结构
   C. 保持较低负债水平　　D. 使股利与企业盈余紧密配合
6. 企业采用固定或稳定增长的股利政策的优点主要是（　　）。
   A. 降低资金成本　　B. 维持股价稳定
   C. 提高支付能力　　D. 实现资本保全
7. 在下列企业中，通常适合采用固定或稳定增长股利政策的是（　　）。
   A. 收益显著增长的企业　　B. 经营相对稳定的企业
   C. 财务风险较高的企业　　D. 投资机会较多的企业

8. 我国上市公司不得用于支付股利的权益资金是（　　）。

A. 资本公积　　B. 任意盈余公积

C. 法定盈余公积　　D. 上年未分配利润

9. 下列选项中，计算结果等于股利支付率的是（　　）。

A. 每股收益÷每股股利　　B. 每股股利÷每股收益

C. 每股股利÷每股市价　　D. 每股收益÷每股市价

10. 当企业的盈余和现金流量都不稳定时，对股东和企业都有利的股利分配政策是（　　）。

A. 剩余股利政策　　B. 固定或稳定增长的股利政策

C. 固定股利支付率政策　　D. 低正常股利加额外股利政策

三、多项选择题

1. 下列有关销售收入预测的说法中，正确的有（　　）。

A. 销售收入预测是企业获得利润的基础

B. 销售收入预测便于以销定产

C. 在市场经济条件下，是否进行销售收入预测完全由企业自行决定

D. 销售收入预测可以采取定性分析法

2. 销售收入预测的方法包括（　　）。

A. 因果预测分析法　　B. 加权平均法

C. 趋势预测分析法　　D. 产品生命周期分析法

3. 下列关于销售预测的说法中，正确的有（　　）。

A. 推广期历史资料缺乏，可以运用定性分析法进行预测

B. 成长期可运用回归分析法进行预测

C. 成熟期销售量比较稳定，适合采用趋势预测分析法

D. 推广期最好运用趋势预测分析法进行预测

4. 收入与分配管理应当遵循的原则包括（　　）原则。

A. 依法分配　　B. 分配与积累并重

C. 兼顾各方利益　　D. 投资与收入对等

5. 企业的定价目标包括（　　）。

A. 实现利润最大化　　B. 提高市场占有率

C. 维护企业形象　　D. 处理积压产品

6. 下列股利分配政策中，不利于股东安排收入和支出的有（　　）。

A. 剩余股利政策　　B. 固定或稳定增长的股利政策

C. 固定股利支付率政策　　D. 低正常股利加额外股利政策

7. 确定企业股利分配政策时，需要考虑的法律限制因素主要包括（　　）。

A. 资本保全的限制　　B. 资本积累的限制

C. 偿债能力的限制　　D. 稳定股价的限制

8. 若上市公司采用了合理的股利分配政策，则可达到的效果有（　　）。

A. 能为企业创造良好的筹资环境
B. 能处理好与投资者的关系
C. 能改善企业经营管理
D. 能增强投资者的信心

9. 企业发放现金股利会导致（　　）。

A. 资产总额减少
B. 所有者权益总额减少
C. 所有者权益结构变化
D. 每股收益下降

10. 下列说法中，正确的有（　　）。

A. 国家对企业股利分配顺序有严格的规定
B. 利润分配会导致企业留存收益减少
C. 企业是否提取任意盈余公积应根据股东大会决议而定
D. 企业利润分配方案应考虑经营者和职工的利益

四、判断题

1. 留存收益是留在企业的利润，归企业所有，投资者无权要求对其进行分配。（　　）

2. 利润会使企业的现金增加，而成本会使企业的现金减少。（　　）

3. 良好的销售定价管理可以使企业的产品更富有竞争力，扩大市场占有率，改善企业的相对竞争地位。（　　）

4. 当一种产品的市场供应大于需求时，价格就会上升。（　　）

5. 消费心理定价技巧主要有随行就市法、渗透定价法、撇脂定价法、尾数定价法和分档定价法等。（　　）

6. 采用剩余股利分配政策的优点是有利于保持理想的资本结构，降低企业的综合资金成本。（　　）

7. 企业发放股利会使每股收益下降，从而导致每股市价有可能下跌，每位股东所持有股票的市场价值总额也将随之下降。（　　）

8. 采用固定股利支付率政策时，股利不受经营状况的影响，有利于公司股票价格的稳定。（　　）

9. 在除息日之前，股利分配请求权从属于股票。从除息日开始，新购入股票的投资者不能获得本次已宣告发放的股利。（　　）

五、名词解释

1. 股利分配政策

2. 销售定价管理

六、实训题

1. 某公司生产 A 产品，计划某年销售量为 1 000 件，目标利润为 20 万元，完全成本总额为 50 万元。假设不考虑税费影响，请运用目标利润定价法测算该产品的销售价格。

2. 某公司生产 B 产品，2022 年 1—12 月销售量见下表。

B 产品 2022 年销售资料

月份	1	2	3	4	5	6	7	8	9	10	11	12
销售量（件）	25	23	26	29	24	28	30	27	25	29	32	33

要求：

（1）假定期数为 5，用移动平均法预测 2023 年 1 月的销售量是多少。

（2）假定期数为 5，权数分别为 0. 1、0. 1、0. 2、0. 3、0. 3，用加权平均法预测 2023 年 1 月的销售量是多少。

3. 某公司 2022 年税后净利润为 500 万元，2023 年计划投资 300 万元，公司的目标资本结构为权益资本占 50%，债务资本占 50%。假设该公司全年可用于分配的利润为 200 万元，请测算 2023 年该公司可供分配的股利额。

4. 某公司 2015—2022 年的销售资料见下表。

某公司 2015—2022 年销售资料

年份	2015	2016	2017	2018	2019	2020	2021	2022
销售量（万件）	5 000	4 500	4 800	5 100	5 300	5 400	5 450	5 600
权数	0. 03	0. 05	0. 08	0. 1	0. 13	0. 17	0. 21	0. 23

要求：

（1）用算术平均法预测该公司 2023 年的销售量。

（2）用加权平均法预测该公司 2023 年的销售量。

（3）假设该公司 2022 年预测销售量为 5 550 万件，用修正的移动平均法预测该公司 2023 年的销售量（假设样本期为 3 期）。

第八章　财务分析

一、填空题

1. 构成比率又称结构比率，反映了______与______的关系。

2. 速动比率表明每 1 元流动负债有多少速动资产作为__________。

3. 企业负债比率越____，则权益乘数越大。

4. 总资产周转率越____，说明企业全部资产的利用效率越高，企业营运能力越____。

5. 营业净利率是___________与_____________之比，是分析评价企业盈利能力的指标。

6. 财务分析中的比较分析法是指将实际数据同指定的各种标准相比较，从数量上确定其差异，并进行______分析或______分析的一种分析方法。

7. 资产运用效率是指资产利用的______性和______性。

二、单项选择题

1. 下列财务分析主体中，必须对企业营运能力、偿债能力、盈利能力及发展能力的全部信息予以详尽了解和掌握的是（　　）。

A. 短期投资者　　B. 企业债权人
C. 企业经营者　　D. 税务机关

2. 债权人在进行企业财务分析时，最为关心的是企业的（　　）能力。

A. 盈利　　B. 偿债
C. 发展　　D. 营运

3. 某公司 2021 年、2022 年、2023 年销售收入的环比动态比分别为 110%、115%、95%。如果该公司以 2021 年作为基期，2023 年作为分析期，则其定基动态比为（　　）。

A. 126. 5%　　B. 109. 25%
C. 104. 5%　　D. 120. 18%

4. 某公司 2021 年平均负债为 1 000 万元，负债的平均利率为 10%。2022 年财务杠杆系数为 2，则该公司 2021 年的利息保障倍数为（　　）。

A. 2　　B. 3　　C. 4　　D. 6

5. 某公司业务发生前后，速动资产都超过了流动负债，则赊购原材料会（　　）。

A. 提高流动比率　　B. 降低流动比率
C. 减少营运资金　　D. 增加营运资金

6. 某公司2022年平均负债总额为2 000万元，平均权益乘数为4，经营活动产生的现金流量净额为1 000万元，则2022年该公司全部资产现金回收率为（　　）。

A. 0.375　　B. 0.345　　C. 0.315　　D. 0.425

7. 某公司2022年净利润为3 578.5万元，非经营性净收益为594.5万元，非付现成本为4 034.5万元，经营活动产生的现金流量净额为5 857.5万元，则该公司净收益营运指数和现金营运指数分别为（　　）。

A. 0.83和0.80　　B. 0.83和0.90

C. 0.83和0.83　　D. 0.80和0.83

8. 下列指标中，属于效率比率指标的是（　　）。

A. 流动比率　　B. 成本费用利润率

C. 资产负债率　　D. 流动资产占全部资产的比重

9. 假定其他条件不变，下列各项经济业务中会导致总资产净利率上升的是（　　）。

A. 收回应收账款　　B. 将资本公积转增股本

C. 用银行存款购入生产设备　　D. 用银行存款归还银行借款

10. 某公司某一年年初所有者权益为1.25亿元，当年年末所有者权益为1.5亿元，则该公司当年的净资产增长率是（　　）。

A. 16.67%　　B. 20.00%

C. 25.00%　　D. 120.00%

11. 某公司某一年营业收入为2 000万元，平均流动比率为2，流动负债平均余额为250万元，则该公司当年的流动资产周转次数为（　　）次。

A. 8　　B. 6　　C. 4　　D. 2

12. 采用比较分析法时，应注意的问题不包括下列选项中的（　　）。

A. 指标的计算口径必须一致　　B. 衡量标准应具有科学性

C. 剔除偶发性因素的影响　　D. 运用例外原则

13. 其他因素不变的情况下，下列各项中会使现金比率上升的是（　　）。

A. 货币资金增加

B. 交易性金融资产减少

C. 赊销商品，导致应收账款增加

D. 赊购商品，导致应付账款增加

14. 某公司2021年和2022年的营业净利率分别为7%和8%，总资产周转率分别为2和1.5，两年的资产负债率相同。与2021年相比，2022年的净资产收益率变动趋势为（　　）。

A. 上升　　B. 下降

C. 不变　　D. 无法确定

15. 下列选项中，反映企业盈利能力的指标是（　　）。

A. 产权比率　　B. 利息保障倍数

C. 资产增值率　　D. 营业净利率

16. 下列财务指标中，综合性最强的是（　　）。

A. 净资产收益率　　B. 营业净利率

C. 总资产净利率　　D. 权益乘数

17. 在财务分析中，企业所有者一般最关注（　　）。

A. 盈利能力指标　　B. 偿债能力指标

C. 成本费用指标　　D. 以上都不是

18. 计算应收账款周转率时应使用的收入指标是（　　）。

A. 主营业务收入　　B. 赊销收入净额

C. 销售收入　　D. 营业利润

19. 某公司当年实现销售收入 3 800 万元，净利润为 480 万元，总资产周转率为 2，则其总资产净利率为（　　）。

A. 12.6%　　B. 6.3%　　C. 25%　　D. 10%

三、多项选择题

1. 在财务分析中，资料来源的局限性主要表现在报表数据的（　　）。

A. 时效性问题　　B. 真实性问题

C. 可比性问题　　D. 可靠性问题

2. 采用因素分析法时，必须注意的问题包括（　　）。

A. 因素分解的关联性　　B. 衡量标准的科学性

C. 顺序替代的连环性　　D. 计算结果的假定性

3. 在一定时期内，应收账款周转次数多、周转天数少表明（　　）。

A. 收账速度快　　B. 信用管理政策宽松

C. 应收账款流动性强　　D. 应收账款管理效率高

4. 下列关于应收账款周转次数计算的表述中，正确的有（　　）。

A. 应收账款平均余额包括财务报表中“应收账款”和“应收票据”等科目的全部赊销账款在内

B. 应收账款平均余额仅指财务报表中的应收账款

C. 应收账款为未扣除坏账准备的金额

D. 应收账款为已扣除坏账准备的金额

5. 某公司流动比率为 1.2，则该公司赊购材料会导致（　　）。

A. 流动比率提高　　B. 流动比率降低

C. 流动比率不变　　D. 速动比率降低

6. 财务信息的使用者主要包括（　　）。

A. 投资人　　B. 债权人　　C. 政府　　D. 企业内部人员

7. 财务报表主要包括（　　）。

A. 主表　　B. 报表附注

C. 利润表　　D. 附表

8. 企业财务报表中需要对外报送的主表包括（　　）。

A. 成本报表　　B. 利润表

C. 资产负债表　　D. 现金流量表

9. 比较分析法的具体方法包括（　　）。

A. 比率分析法　　B. 横向比较法

C. 因素分析法　　D. 纵向分析法

10. 综合财务分析评价的目的包括（　　）。

A. 为政府决策提供依据　　B. 评价企业财务状况及经营业绩

C. 为投资决策提供参考　　D. 为完善企业管理提供依据

11. 财务报表分析的方法有（　　）。

A. 因素分析法　　B. 趋势分析法

C. 比较分析法　　D. 比率分析法

12. 杜邦财务分析体系中的主要指标包括（　　）。

A. 权益乘数　　B. 营业净利率

C. 应收账款周转率　　D. 资产周转率

13. 财务报告的主要阅读者包括（　　）。

A. 投资人　　B. 债权人　　C. 政府　　D. 企业管理层

14. 财务报告中进行发展能力分析时，所选取的发展能力分析指标有（　　）。

A. 净利润增长率　　B. 营业成本增长率

C. 净资产增长率　　D. 营业收入增长率

15. 企业的收入包括（　　）。

A. 主营业务收入　　B. 其他业务收入

C. 补贴收入　　D. 营业外收入

16. 净资产收益率大于总资产收益率表示企业（　　）。

A. 借款利率低于投资者获得的收益率　　B. 债务资金使用有效

C. 财务状况好　　D. 财务状况差

17. 影响应收账款周转率的主要因素包括（　　）。

A. 赊销比例　　B. 企业的信用政策

C. 企业的收账政策　　D. 客户财务状况

18. 下列选项中，不能产生现金流量的有（　　）。

A. 企业出售固定资产

B. 企业用现金购买将于 3 个月内到期的国库券

C. 投资人投入现金

D. 企业将库存现金送存银行

四、判断题

1. 净资产收益率是收益质量分析的重要指标。一般而言，该指标数值越小，表明企

业收益质量越好。（ ）

2. 采用因素分析法计算的各因素变动的影响数额，会因替代计算顺序不同而存在差别。（ ）

3. 财务分析中的效率指标是某项财务活动中所费与所得之间的比率，反映投入与产出的关系。（ ）

4. 固定资产在总资产中的占比越高，则企业资产的弹性越差。（ ）

5. 负债结构变动一定会造成负债规模发生变动。（ ）

6. 如果企业的资金全部由股东提供，则企业既无财务风险也无经营风险。（ ）

7. 企业的应收账款增加和存货减少同时存在是正常的现象。（ ）

8. 提取坏账准备表明企业应收款项实际减少。（ ）

9. 增产同时增收必然增加资产。（ ）

10. 企业本期总资产比上期有较大幅度增加，表明企业本期经营赢利。（ ）

11. 只要本期未分配利润增加，就可以断定企业本期经营赢利。（ ）

12. 企业的资产越多越好。（ ）

13. 税率的变动对企业利润没有影响。（ ）

14. 利润表全面综合地反映了企业的经营活动状况及其结果。（ ）

15. 销售成本变动对利润有直接影响。销售成本降低多少，利润就会增加多少。（ ）

16. 营业利润等于企业营业收入减去营业费用与税金之和。（ ）

17. 息税前利润是指扣除利息和所得税前的利润，即营业利润与利息支出之和。（ ）

18. 企业成本总额的增加不一定意味着利润的下降和企业管理水平的下降。（ ）

19. 价格是影响销售利润的主要因素。（ ）

20. 净资产收益率是杜邦财务分析体系的核心。（ ）

五、名词解释

1. 财务分析

2. 杜邦分析法

六、实训题

1. 某公司 2022 年净资产收益率为 4.8%，较 2021 年大幅降低，其他有关财务指标见下表。

某公司部分财务指标

指标	2021 年	2022 年
营业净利率	12%	8%
总资产周转率（次数）	0.6	0.3
权益乘数	1.8	2

请计算该公司 2021 年净资产收益率，并用因素分析法依次测算营业净利率、总资产周转率和权益乘数的变动对公司 2022 年净资产收益率下降的影响。

2. 某公司2022年营业收入为37 500万元，净利润为3 000万元。该公司2022年资产负债表（简表）见下表。

资产负债表（简表）

单位：万元

资产	期末数	负债和所有者权益	期末数
现金	5 000	应付账款	7 500
应收账款	10 000	短期借款	2 500
存货	15 000	长期借款	9 000
流动资产合计	30 000	负债合计	19 000
固定资产	20 000	股本	15 000
在建工程	0	资本公积	11 000
非流动资产合计	20 000	留存收益	5 000
		所有者权益合计	31 000
资产总计	50 000	负债和所有者权益总计	50 000

该公司预计2023年营业收入会下降20%，营业净利率会下降5%，股利支付率为50%。

根据对该公司近5年的数据分析，公司存货、应付账款与营业收入保持固定比例，其中存货与营业收入的比例为0.4∶1，应付账款与营业收入的比例为0.2∶1，预计2023年上述比例保持不变。

要求：

（1）运用销售百分比法测算该公司2023年存货资金需要量和2023年应付账款需要量。

（2）测算该公司2023年留存收益增加额。

（3）计算该公司2022年资产负债率、总资产净利率、净资产收益率。